5 Juin 1896.

P

Vente du Vendredi 5 Juin 1896

HOTEL DROUOT, SALLE N° 7

à 2 heures 1/2

TISSUS

ET

Précieux Échantillons d'Étoffes

DU XIIe AU XVIe SIÈCLE

COMPOSANT LA COLLECTION DE

M. PAUL TACHARD

TAPISSERIES

GARNITURE DE LIT

Appartenant à divers

EXPOSITION PUBLIQUE

Le Jeudi 4 Juin 1896, de 1 h. 1/2 à 5 h. 1/2

COMMISSAIRE-PRISEUR	EXPERTS
Me PAUL CHEVALLIER	**MM. MANNHEIM Père et Fils**
10, rue Grange-Batelière, 10	7, rue Saint-Georges, 7

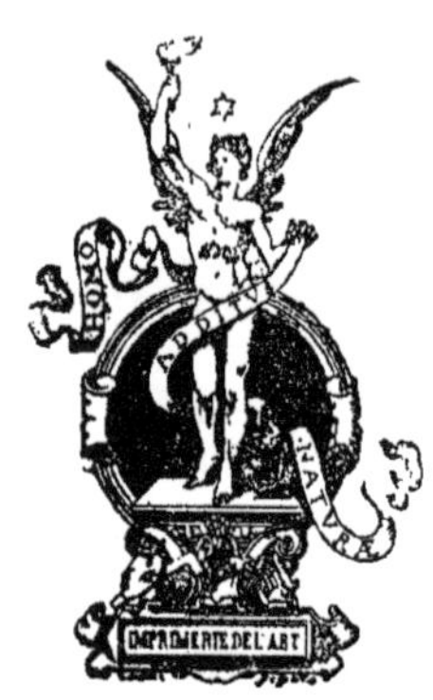
IMPRIMERIE DE L'ART

CATALOGUE

DE

TISSUS

ET

PRÉCIEUX ÉCHANTILLONS D'ÉTOFFES

du XIIe au XVIe siècle

Siculo-Arabes, Hispano-Moresques, Persanes, Italiennes, Espagnoles, Allemandes, Velours gothique

ET AUTRES

COMPOSANT LA COLLECTION DE

M. PAUL TACHARD

TAPISSERIES

GARNITURE DE LIT

Appartenant à divers

ET DONT LA VENTE AURA LIEU

HOTEL DROUOT, SALLE N° 7

Le Vendredi 5 Juin 1896

à 2 heures 1/2

COMMISSAIRE-PRISEUR	EXPERTS
Me P. CHEVALLIER	**MM. MANNHEIM Père & Fils**
10, rue Grange-Batelière, 10	7, rue Saint-Georges, 7

EXPOSITION PUBLIQUE

Le Jeudi 4 Juin 1896, de 1 heure 1/2 à 5 heures 1/2

CONDITIONS DE LA VENTE

La vente sera faite au comptant.

Les adjudicataires paieront *cinq pour cent* en sus des enchères.

L'exposition mettant le public à même de se rendre compte de l'état et de la nature des objets, il ne sera admis aucune réclamation une fois l'adjudication prononcée.

Paris. — Imprimerie de l'Art, E. Moreau et Cie
41, rue de la Victoire, 41

DÉSIGNATION DES OBJETS

COLLECTION DE M. PAUL TACHARD

TISSUS

DE

Fabrication Sarrasine ou Siculo-Arabe

1 — Pièce historique. Fragment du manteau royal de Martin Ier, roi d'Aragon.

Tissu siculo-sarrasin, tramé soie sur chaîne de fil écru à larges bandes bleues et roses, décorées de dragons passants brochés or papyrifère alternant avec des feuilles de lotus ornées de caractères arabes ; le tout orfrisé d'un listel portant un M (Martinus), et de lièvres courants, symboles chrétiens.

Travail sicilien, XIVe siècle.

Haut., 12 cent.; larg., 24 cent.

2 — Deux belles dalmatiques.

Tissu siculo-sarrasin, tramé soie sur chaîne de fil écru. Fond vert d'eau broché or papyrifère, orné de branches fleuries, semées de feuilles de trèfle en soie rose.

Le dessin, d'une élégance rare, la combinaison des couleurs si délicates, la richesse du tissu et sa conservation parfaite en font une des merveilles de l'art textile au Moyen-Age.

Travail sicilien, xve siècle.

N.-B.— Les deux pièces réunies forment sept mètres d'étoffe en lé.

3 — Échantillon d'étoffe siculo-sarrasine, tramée soie sur chaîne de fil écru, fond vert, broché or à sujet de séraphins aux six ailes déployées, alternant avec des fleurs d'Aster polychromes.

Travail sicilien, xve siècle.

4 — Échantillon d'étoffe siculo-sarrasine, tramée soie sur chaîne de fil écru, fond bleu, broché or papyrifère, décoré d'un dessin d'une grande finesse représentant des griffons ailés et affrontés se désaltérant à une fontaine monumentale

sommée d'une flèche gothique et sertie de branches fleuries.

Travail sicilien, xive siècle.

5 — Échantillon d'étoffe siculo-sarrasine, tramée soie sur chaîne de fil écru, brochée or papyrifère, à sujet d'aigles ou de griffons, entrelacés de feuillages.

Travail sicilien, xiiie siècle.

6 — Très bel échantillon d'étoffe siculo-sarrasine, tramée soie sur chaîne de fil écru, fond vert, broché or papyrifère, à sujet de lions fondant sur des gazelles et d'aigles fondant sur des colombes.

Travail sicilien, xive siècle.

Haut., 50 cent.; larg., 40 cent.

7 — Échantillon d'étoffe siculo-sarrasine, tramée soie sur chaîne de fil écru, fond bleu orné de branches d'or enlacées encadrant des lièvres affrontés, également en or papyrifère.

Travail sicilien, xive siècle.

Haut., 45 cent.; larg., 50 cent.

8 — Échantillon d'étoffe siculo-sarrasine, tramée

soie sur chaîne de fil écru, fond rose, à sujet d'oiseaux affrontés encadrés de rinceaux fleuris.

Travail sicilien, xve siècle.

9 — Échantillon d'étoffe siculo-sarrasine, tramée soie sur chaîne de fil écru, fond rose, broché or papyrifère, à sujet d'aigles affrontés et de taureaux passant à droite et à gauche portant sur le flanc une inscription arabe.

Travail sicilien, xve siècle.

Haut., 35 cent.; larg., 25 cent.

10 — Échantillon d'étoffe siculo-sarrasine, tramée soie sur chaîne de fil écru, fond bleu, décoré d'aigles affrontés en or papyrifère et de rinceaux fleuris.

Travail sicilien, xve siècle.

11 — Échantillon d'étoffe siculo-sarrasine, tramée soie sur chaîne de fil écru. Fond bleu, décoré d'arabesques chargées de mascarons d'or encadrant des hypocampes affrontés se désaltérant dans une vasque. Tissu papyrifère d'une élégance de dessin remarquable.

Travail sicilien, xve siècle.

12 — Très beau tissu de coton siculo-sarrasin, à grands dessins consistant en plusieurs rangées parallèles et alternées de léopards affrontés, de couronnes héraldiques accostées d'aigles et de fleurs de lis accostées de paons.

Travail sicilien, xve siècle.

Haut., 55 cent.; larg., 45 cent.

13 — Curieux tissu de coton bleu et blanc, à dessin consistant en plusieurs rangées parallèles et alternant d'aigles d'Empire, d'oiseaux affrontés et d'ornements géométriques.

Travail sicilien, xve siècle.

Haut., 80 cent.; larg., 55 cent.

14 — Tissu de coton siculo-sarrasin bleu et blanc, à dessins consistant en plusieurs grandes bandes parallèles ornées d'oiseaux affrontés.

Travail sicilien, xve siècle.

Haut., 55 cent.; larg., 55 cent.

TISSUS

DE

Fabrication Hispano-Moresque

15 — Pièce historique. Fragment du manteau de l'Infant don Félipe, cinquième fils de Saint Fernando, et premier archevêque de Séville.

Très riche tissu hispano-moresque, soie et or filé, *mysterium auri filati*, fond blanc à dessins d'arabesques bleu, jaune et or.

Cet échantillon provient du tombeau dudit Infant, à Vielarcazar de Sirga, province de Palencia.

La plus grande partie du manteau est conservée de nos jours au Musée archéologique de Madrid.

Travail more, XIIIe siècle.

16 — Échantillon de damas blanc, hispano-moresque, orné d'inscriptions arabes damassées, ton sur ton et semé de fleurettes et d'insectes en or papyrifère.

Travail du midi de l'Espagne, XIVe siècle.

Haut., 30 cent.; larg., 50 cent.

17 — Très bel échantillon de Tiraz, hispano-moresque, fond rouge étoilé vert et jaune, orné de deux grandes inscriptions dans le haut, et listé dans le bas de petites inscriptions arabes.

Travail espagnol, xve siècle.

Haut., 60 cent.; larg., 45 cent.

18 — Échantillon de Tiraz, hispano-moresque, fond rouge, étoilé d'arabesques polychromes et listé de plusieurs inscriptions arabes en grands et petits caractères.

Travail espagnol, xve siècle.

19 — Tissu de soie, hispano-moresque, fond rouge, décoré de lions héraldiques affrontés et couronnés, dans un enlacement d'arabesques jaunes, blanches et vertes.

Almeria, xive siècle.

Haut., 70 cent.; larg., 25 cent.

20 — Échantillon hispano-moresque, à fond rouge, décoré de lions jaunes affrontés et de palmes vertes entrelacées.

Travail du midi de l'Espagne, xve siècle.

*

21 — Échantillon de Tiraz, hispano-moresque, à grandes raies polychromes, ornées d'inscriptions arabes.

L'inscription porte ces mots : *Gloire à notre maître le Sultan.*

Almeria ou Grenade, xve siècle.

22 — Étoffe hispano-moresque, tissu soie et or écrasé, à dessin géométrique, losangé de soie de couleurs et orné d'arabesques.

Travail more, xiiie siècle.

23 — Échantillon de Tiraz, hispano-moresque, portant au centre l'inscription suivante : *Royauté au pouvoir suprême*, encadrée de raies multicolores, ornées également d'inscriptions.

Travail du midi de l'Espagne, xve siècle.

24 — Tissu de soie, hispano-moresque, fond rouge décoré de feuillages verts et d'arabesques jaunes et blanches.

Travail espagnol, xve siècle.

25 — Échantillon de Tiraz, hispano-moresque,

fond rouge à grandes rayures blanches losangées ornées d'inscriptions.

Almeria, XIVe siècle.

Haut., 25 cent.; larg., 50 cent.

26 — Tissu de laine et de lin décoré d'arabesques bleues sur fond blanc.

Etoffe servant sans doute à la confection des vêtements.

Espagne, XIVe siècle.

27 — Napperon hispano-moresque tissé filet soie, losangé blanc à grande bordure bleue, et semé de fleurettes vertes, rouges, jaunes et bleues imitant la broderie.

Espagne, XVe siècle.

Haut., 55 cent.; larg., 1 m. 15 cent.

28 — Ceinture moresque, soie jaune, à grandes raies rouges décorées d'arabesques et de signes arabes.

Tissu d'une grande finesse, fabrication très ancienne du Maroc.

TISSUS

DE

Fabrication persane.

29 — Bel échantillon persan. Tissu de soie très épais, fond bleu clair, à sujet de chasses d'un dessin et d'un coloris remarquables.

Chasse au lièvre par un cavalier, chasse au lion et au léopard.

Ces sujets sont encadrés de palmes et de motifs empruntés au style oriental du plus grand effet.

Perse, commencement du xve siècle.

Haut., 70 cent.; larg., 75 cent.

30 — Deux échantillons d'étoffe persane d'égal dessin, mais de fabrication distincte.

Des perroquets sont perchés sur une tige fleurie, tandis que des aigles fondent sur un lièvre, et des vautours sur des colombes.

Le plus petit échantillon tissé or est un chef-d'œuvre de l'art textile en Orient au xve siècle.

31 — Très jolie bande de soie persane brochée or et argent, décorée de rinceaux de fleurs d'Iris bleus et blancs et de fruits polychromes.
Perse, xve siècle.

Haut., 17 cent.; larg., 55 cent.

32 — Très élégant satin persan fond vert d'eau, semé de feuillages et de fleurs d'Aster brochées or et argent et rehaussées d'un liséré rose.
Perse, xve siècle.

Haut., 30 cent.; larg., 25 cent.

33 — Etoffe de soie persane brochée d'or et d'argent à raies parallèles décorées de fleurs et de volutes polychromes d'une grande finesse.
Perse, xve siècle.

34 — Tissu persan broché or, décoré de roses de forme orientale, orné de fleurs.
Perse, xvie siècle.

35 — Très curieux échantillon persan, tissé soie fond bleu foncé semé de lis, de roses et d'œillets.
Perse, xve siècle.

36 — Tissu de soie arabe fond vert clair, losangé rouge et blanc, orné de grandes inscriptions reproduisant des versets du Coran et broché en fils métalliques.

Orient, XVe siècle.

Haut., 80 cent.; larg., 75 cent.

37 — Très beau tapis en velours oriental. Fond blanc lamé d'argent, orné de grandes feuilles de lotus rouges rehaussées d'un liséré bleu.

Smyrne ou Scutari, XVe siècle.

TISSUS

DE

Fabrication italienne, allemande, espagnole

38 — Précieux échantillon de soie tramée sur fil du type *Roé*, broché argent et losangé vert, portant au centre des *roues*, des léopards affrontés.

Travail allemand, XIIe siècle.

39 — Tissu de soie violet pourpre à figures de dragons passants chargés de listels portant, en lettres gothiques brochées argent, le mot latin : *Draco*, décoré de branches de vigne, et semé de petits animaux passants tels que sangliers poursuivant une oie, symbole du vice et de la prudence.

Travail allemand, XIIIe siècle.

40 — Deux échantillons de bandes de chasubles, soie sur chaîne de fil écru.

L'un, d'un dessin très archaïque, porte des cerfs et des léopards affrontés, l'autre est décoré de lions héraldiques et d'aigles essorants.

Travail allemand, XIIe et XIIIe siècles.

41 — Tissu de soie fond rouge décoré de branches de vigne et de griffons ailés passant au rostre broché d'argent.

Travail allemand, XIIIe siècle.

42 — Tissu de soie d'une grande finesse, fond blanc listé parallèlement et semé de petites colombes vertes affrontées et séparées par le *Hom* sacré.

Inspiration orientale, mais fabrication italienne au XIVe siècle.

Haut., 50 cent.; larg., 30 cent.

43 — Tissu de laine et de fil écru, orné d'oiseaux passants et de grenades héraldiques fleurdelisées à rangées parallèles et se répétant indéfiniment.

Travail espagnol, XVe siècle.

Haut., 45 cent.; larg., 35 cent.

44 — Échantillon de tissu de soie aux couleurs changeantes, décoré d'un minuscule dessin à feuilles de vigne et de tout petits oiseaux brochés argent affrontés.

Disposition et coloris remarquables. Venise, XIIIe siècle.

45 — Échantillon de damas de soie tissé d'argent, fond violet, à dessins vert et jaune, de vases de fleurs accostés d'oiseaux et de griffons avec une inscription arabe sur la panse des vases.

Venise, xve siècle.

Haut., 55 cent.; larg., 60 cent.

46 — Bande de brocatelle jaune à sujet d'aigles d'Empire passants, accostés de lions héraldiques.

Espagne, xve siècle.

47 — Bande de brocatelle fond rouge, tissée de fils métalliques et ornée d'un dessin gothique représentant l'Annonciation.

Florence, xve siècle.

48 — Bande de brocatelle à fond rouge tissée de fils métalliques. Le décor représente des anges en adoration devant le monogramme du Christ.

Florence, xve siècle.

49 — Échantillon de damas bleu broché, aux armes de la famille « Patala », d'azur semé de griffes d'or sommées d'un vol essorant.

Espagne, xve siècle.

50 — Échantillon de drap d'or papyrifère.
Étoffe héraldique losangée d'or et de gueules.
Travail italien, XIVe siècle.

51 — Échantillon de brocatelle, fond bleu, à grandes raies blanches, ornée de vases fleuris polychromes, accostés de colombes passantes à droite et à gauche.
Travail italien, fin du XVe siècle.

52 — Échantillon de damas rouge semé d'aigles, de couronnes héraldiques et de grenades brochées or.
Italie, fin du XVe ou commencement du XVIe siècle.

53 — Tissu de soie tissé or, fond violet, et listé polychrome, décoré d'une série de dauphins et d'oiseaux jaunes alternant avec une branche fleurie.
Espagne, fin du XVe siècle.

54 — Échantillon de damas vert d'eau, ton sur ton,

décoré de petits meneaux ornés de cygnes affrontés et de fleurs de lis.

Travail italien. Pièce héraldique. Fin du xve siècle.

Haut., 60 cent.; larg., 40 cent.

55 — Brocatelle fond blanc lamé argent, à dessin rouge figurant un vase style Renaissance, encadré de feuilles courbées en meneaux.

Italie, commencement du xvie siècle.

Haut., 75 cent.; larg., 60 cent.

56 — Très curieux échantillon de damas blanc polychrome, à sujet de meneaux formés d'une guirlande de fleurs et de petites grenades entourant celle plus importante du centre, et décoré de roses coloriées, d'œillets, de fraises ainsi que de perroquets affrontés.

Réminiscence orientale, mais travail vénitien. xve siècle.

57 — Damas de soie vert et jaune appartenant au type du cercle parfait et rappelant les dessins moresques.

Espagne, xve siècle.

58 — Damas blanc broché vert, jaune, bleu et rose, type des meneaux à feuilles et fleurs encadrant une grenade centrale.

Venise, xve siècle.

Haut., 55 cent ; larg., 50 cent.

59 — Brocatelle fond jaune, dessin rouge en forme de meneaux feuillés.

Espagne, fin du xve siècle.

60 — Satin blanc semé de palmettes vertes fleuries et d'oiseaux roses.

Italie, commencement du xvie siècle.

Haut., 90 cent.; larg., 65 cent.

61 — Damas violet broché soie jaune, type des meneaux, à feuilles encadrant la grenade centrale.

Italie, fin du xve siècle ou commencement du xvie.

Haut., 80 cent.; larg., 42 cent.

62 — Belle bande soie, fond gris fer, à dessin rouge figurant des rinceaux et des meneaux,

ornés d'oiseaux affrontés et de volutes tournantes imitant la ferronnerie.

Italie, fin du XVe siècle.

Haut., 85 cent.; larg., 27 cent.

63 — Deux échantillons de damas fond rouge et fond vert, à dessin jaune représentant des lions affrontés.

Espagne, fin du XVe siècle.

64 — Deux échantillons, tissu laine et soie, l'un fond rouge brique décoré de volutes blanc fleuri, dessin très élégant; l'autre, fond rouge foncé semé de fleurettes blanches et d'œillets bleus.

Italie, XVe siècle.

65 — Damas rouge décoré de bandes parallèles d'où se détachent des aigles d'Empire au vol essorant.

Fabrication des colonies portugaises par les procédés chinois sur des dessins espagnols, à la fin du XVe siècle ou au commencement du XVIe.

Haut., 35 cent.; larg., 50 cent.

66 — Damas rouge orné d'aigles d'Empire, tenant des flèches dans leurs serres et entourées de rinceaux et de feuillages aux couleurs jaune, bleu et vert.

Mêmes fabrication et provenance que le précédent.

Haut., 35 cent.; larg., 50 cent.

67 — Très curieux échantillon de tissu de laine et coton, fond noir décoré en blanc de têtes de morts alternant avec un cœur et le monogramme du Christ.

Provient des fabriques de Lucques, à la fin du xve siècle ou commencement du xvie.

68 — Chasuble en damas blanc broché or et argent bouclé, dessins à fleurons rehaussés d'un trait de soie verte.

Fabrique de Tolède, xve siècle.

69 — Deux très remarquables pièces de damas jaune broché d'or, bouclé et épinglé, à grand dessin de grenades entourées de plusieurs circonférences de fleurettes inscrites elles-mêmes dans un cercle lobé.

Ces étoffes proviennent des fabriques spéciales établies à Tolède par les rois catholiques d'Espagne et dont les produits atteignaient le maximum de la richesse à cette époque.

Tolède, fin du xve siècle.

Les deux pièces réunies forment un lé de 3 m. 50 cent. de long sur 70 cent. de larg.

VELOURS

70 — Échantillon de velours vénitien, ciselé, fond satin blanc rehaussé de rouge, de vert et de bleu. Type de l'Aster portant au centre l'écusson des Médicis au xve siècle « d'or chargé de sept tourteaux de gueules ».

Venise, xve siècle.

Haut., 50 cent.; larg., 30 cent.

71 — Très beau velours grenat, ciselé, sur fond de satin blanc, semé de lions, d'aigles alternant avec des grenades et des palmettes, le tout rehaussé de petits losanges de velours émeraude imitant des pierreries.

Venise, xve siècle.

Haut., 65 cent.; larg., 55 cent.

72 — Velours rouge taillé ton sur ton, variété de la feuille lobée gothique.

Italie, xve siècle.

73 — Très curieux échantillon de velours vert, à branches de lierre fleuries et brochées or.

Italie, XVe siècle.

Haut., 55 cent.; larg., 30 cent.

74 — Très beau spécimen de velours ciselé rouge, sur fond satin vert à grand dessin de ferronnerie intercalé avec la feuille lobée.

Venise, XIVe siècle.

Haut., 80 cent.; larg., 30 cent.

75 — Velours rouge ciselé et contre-taillé, type très rare de l'Aster, à branches vertes fleuries.

Pièce multicolore à trois tons.

Venise, XIVe siècle.

Haut., 80 cent.; larg., 25 cent.

76 — Velours oriental, fond vert lamé d'or, dessin à rinceaux et à palmes entourant la grenade cerclée.

Orient, XVe siècle.

Haut., 1 mètre; larg., 55 cent.

77 — Échantillon de velours rouge cramoisi, semé de fleurs et de grenades polychromes.
Venise, XVe siècle.

78 — Velours italien, fond rouge cramoisi, broché or papyrifère, semé de besants d'or.
Pièce héraldique florentine, XVe siècle.

Haut., 50 cent.; larg., 25 cent.

79 — Bande de velours rouge ciselé ton sur ton, décoré du monograme du Christ en lettres gothiques, brochée en or bouclé.
Travail italien, commencement du XVIe siècle.

80 — Échantillon de velours ciselé vert-olive, à dessin formé de rangées parallèles indéfiniment répétées de couronnes et d'aigles d'Empire.
Travail allemand, XVe siècle.

81 — Devant de chasuble, velours blanc sur drap d'or, rehaussé de couronnes et de grenades en or épinglé.
Grenade, XVe siècle.

82 — Importante pièce de velours bleu formant la partie postérieure d'une chasuble. Fond d'or à grands motifs de la feuille lobée avec grenade centrale bleue.

La bande du milieu est en velours bleu uni de la même époque.

xve siècle.

83 — Très belle pièce de velours vert broché or, orné de feuillages de velours ciselé ton sur ton et de branches fleuries en or.

xve siècle.

Haut., 1 mètre ; larg., 60 cent.

84 — Échantillon de velours rouge cramoisi sur drap d'or à dessins de pommes de Grenade.

xve siècle.

Haut., 60 cent.; larg., 45 cent.

85 — Magnifique pièce de velours vieux rose, broché or ciselé, étagé velours sur velours et décoré de feuilles d'or lobées sur pétioles.

Pièce remarquable par sa richesse et par son coloris.

xive siècle.

Haut., 1 mètre; larg , 50 cent.

86 — Chape (sans les orfrois) en velours vert taillé ton sur ton.

Variété de la feuille lobée gothique.

xve siècle.

87 — Passementerie.

Très beau galon, fond vert broché or papyrifère, à figures de lions héraldiques affrontés, séparés par un soleil.

Italie, xve siècle.

Long., 2 m. 50 cent.

88 — Broderie sicilienne.

Voile de lin broché au passé, sans envers, en soie polychrome. Guirlandes d'œillets et de tulipes entrelacées.

Sicile, xvie siècle.

Long., 1 m. 15 cent., larg., 17 cent.

89 — Devant de gilet Louis XV, en soie fond mauve, broché vert d'eau et imitation de grisaille, décoré d'un sujet mythologique : l'Enlèvement d'Europe.

90 — Devant de gilet Louis XV, fond blanc satin broché et épinglé polychrome.

Le sujet représente : la Surprise des amoureux.

Les poches, également brochées, laissent voir, sous le feuillage, une cage remplie de petits oiseaux.

Beau spécimen de la fabrication lyonnaise au XVIIIe siècle.

TAPISSERIES

ET

GARNITURE DE LIT

Appartenant à divers

---

91 — Tapisserie rectangulaire en largeur : l'Enlèvement de Proserpine; fond de paysage; bordure de coquilles et quadrillés. Époque Régence.

Haut., 2 m. 30 cent.; larg., 3 m. 35 cent.

92 — Tapisserie rectangulaire en hauteur : Diane et ses suivantes; fond de paysage. XVIIe siècle.

Haut., 2 m. 60 cent.; larg., 1 m. 60 cent.

93 — Tapisserie : sujets de chasse; composition de nombreux personnages, fond de verdure et habitations; bordure à médaillons, personnages, fruits et fleurs sur fond jaune. XVIe siècle.

Haut., 3 m. 30 cent.; larg., 4 m. 10 cent.

94 — Tapisserie rectangulaire : roi assis sur un trône ; fond de paysage ; bordure de fruits et fleurs. XVIe siècle.

Haut., 1 m. 75 cent.; larg., 2 m. 35 cent.

95 — Garniture de lit en brocart, à fond jaune et broderie de soies de couleur au passé et en chenille, sur satin blanc à dessin de rinceaux et chiffres couronnés ; elle comprend quatorze pièces. XVIIe siècle.

www.ingramcontent.com/pod-product-compliance
Ingram Content Group UK Ltd.
Pitfield, Milton Keynes, MK11 3LW, UK
UKHW020514180726
13839UKWH00005B/2082